EXTRAIT

DU REGISTRE DES DÉLIBÉRATIONS

DU CLUB DES CORDELIERS,

O U

ADRESSES AUX FRANÇAIS;

Sur des objets de la plus grande importance,
relatifs au salut de la patrie.

———————————

PARIS,
En Août, 1791.

AVERTISSEMENT.

D'APRÈS les évènemens qui viennent de se passer, on m'avoit conseillé de supprimer l'arrêté du club des cordeliers, de peur que l'approbation donnée par cette société, si cruellement et si indignement persécutée, ne puisse jeter quelque défaveur sur les découvertes que je propose.

Ils me connoissoient mal ceux qui m'ont fait cette proposition ; c'eût été me rendre coupable, d'une lâcheté insigne que de l'adopter.

En laissant subsister les choses telles qu'elles sont, je rends un double hommage à l'équité, ainsi qu'à l'austère vérité, et c'est pour moi une grande satisfaction.

L'arrêté qui précède mes quatre adresses aux Français pourra servir à convaincre les bons citoyens de la nature des objets dont on s'occupoit au club des cordeliers. Il pourra faire connoître si des ennemis de l'ordre et de la constitution auroient accordé la même attention aux développemens des moyens d'augmenter la force publique, et de la mettre plus en état de repousser efficacement, loin de nos frontières, les ravages de la guerre, et de rendre nul le danger des invasions dont nous sommes menacés, depuis un tems bien plus long qu'on ne pense.

Ma loyauté pourroit-elle nuire au succès de mes propositions, et faire rejetter mes découvertes si propres à remédier, promptement, à cet état de foiblesse dans lequel on a laissé tomber tous les moyens de défense de l'empire des Français ? Par cette conduite, les ennemis *véritables* de la constitution se feroient plus complettément connoître ; ils se démasqueroient de manière à ne plus laisser de doute sur leur incivisme et sur leur perfidie ; ils pourroient perdre les fruits de leurs intrigues.... et sans doute ils veulent retarder l'époque à laquelle ils éprouveront ce terrible échec.

Si j'éprouve des oppositions, ce ne sera pas seulement à cause de ma franchise.

J'ai l'honneur de ne pas être issu de ces castes privilégiées, qui, sans travaux et sans talens, accaparoient toutes les places, tous les pouvoirs : ces castes règnent plus despotiquement que jamais, par l'intrigue : les individus qui les composent remplissent toutes les places ; ils commandent dans le centre de l'empire ; ils commandent sur les frontières ; ils désertent de la patrie malgré leurs sermens, qu'ils faussent sans aucuns scrupules, lorsque leurs trahisons, trop dévoilées, les exposent aux ressentimens des peuples qu'ils trompent et qu'ils outragent.

Comment supporteroient-ils l'idée de la comparaison que l'on pourroit faire entre eux, qui exposent à tous les dangers le salut de l'état, et un citoyen qui, loin d'avoir reçu aucun salaire de sa patrie, ni aucune gratification, quoiqu'il en eût mérité, s'est mis en état de la bien servir, en

dépensant un patrimoine de quelque importance ?
De quel œil verroit-on un plébéïen fermer ces
barrières, que la perfidie la plus noire se vante
d'avoir brisées, et récréer en peu de momens.
par des procédés dont il est l'inventeur, ces
moyens de défense que le parjure Bouillé vous assure
(*avec vérité*) être en ce moment PARFAITEMENT
NULS ? Il vaudroit mieux que l'état, qu'ils n'ont ni
le talent ni la volonté de sauver, périsse, plutôt que
de le voir garantir du naufrage par un homme sans
nom, qui n'est d'aucune caste privilégiée ; c'est
ce que disent les nobles, c'est ce que signifient
leurs exécrables et continuelles vociférations !

C'est à vous, Français de tous les départemens,
à voir quel parti il vous convient de prendre ; et
si, pour satisfaire à la vanité des nobles, vous
voudrez exposer le salut de 25 millions d'hommes
libres.

Je n'ai encore, après plus d'un mois d'attente,
reçu aucun signe d'existence, ni du comité mi-
litaire, ni du département ! Je puis donc présumer à quelles lenteurs je dois m'attendre ! Elles
seront abrégées, si toutes les sociétés patriotiques,
si les bons patriotes adoptent l'idée de la souscription indiquée à la fin de cet ouvrage.

UN MILITAIRE

AMI DE LA LIBERTÉ:

AUX FRANÇOIS,

A l'époque des 24 , 25 et 26 juin 1791 ,

OU

1º. Séries de DÉCOUVERTES IMPORTANTES sur les moyens de renforcer beaucoup les effets des bouches à feu, et des mobilles militaires, dans les différentes opérations de la guerre de terre et de mer, de manière à quintupler, sans augmentation de frais, nos moyens de défenses.

2º. Séries d'observations, sur ce qu'il est instant de faire, pour garantir notre territoire du danger des invasions.

3º. Réflexions sur l'intérêt que doivent prendre les bons citoyens, à tout ce qui peut être utile à la patrie.

4º. Réflexions sur l'importance dont il est, que de Paris, centre commun de l'empire, puissent partir tous les développemens de la force publique.

5º. Observations sur l'intérêt que tous les citoyens ont , à ce que les agens du pouvoir et de l'administration, écoutent attentivement et promptement ceux qui peuvent être utiles à la société, et faits historiques à l'appui de ces observations.

A PARIS,

A l'imprimerie du Cercle Social , rue du Théâtre François , Nº. 4.

Chez les libraires du Louvre et du Palais-Royal.

Et chez les marchands de nouveautés, tant à Paris qu'en province.

1791.

Observations préliminaires de l'inventeur.

L'ouvrage que je présente à mes concitoyens, renferme, quoique d'une manière abrégée, des résultats qui sont le fruit de vingt années d'études et d'expériences, approuvées par les plus habiles militaires (*des différentes armes*) de l'Europe. Le procédé n'a été connu d'aucun d'eux : j'en ai toujours voulu réserver le secret pour ma patrie.

La circonstance, pour en faire usage, est devenue impérieuse. Je la saisis : j'en ai adressé, le 14 Juin, un mémoire à l'Assemblée nationale, et un autre au Directoire. Le premier a été remis à M. Menou, connu de plusieurs membres *du Club des Cordeliers* : j'y ai communiqué l'analyse de mes découvertes le 26 juin. La lecture de cette analyse y a reçu des applaudissemens, et un accueil distingué. Je me flatte que si les expériences, que je demande à être admis à en faire, ont lieu, l'opinion publique justifiera ces suffrages.

ARRÊTÉ

DU

CLUB DES CORDELIERS.

Du samedi 26 juin 1791.

M. A. P. Julienne de Belair, ancien capitaine d'artillerie, au service des états généraux des provinces-unies des Pays-Bas, admis à l'Assemblée, a demandé et obtenu la parole.

Il a lu l'analyse d'une série de *nouvelles découvertes sur la perfection des bouches à feu et des mobiles militaires*. Le détail a présenté un ensemble de nouveaux moyens, et de nouvelles ressources dans l'usage de l'artillerie. Le danger d'une guerre prochaine, ne peut que rendre l'emploi de ces nouveaux moyens infiniment précieux. L'auteur offre pour garant de ses connoissances, une théorie profonde, et des expériences multipliées. Il demande à les recommencer sous les yeux des gens de l'art et du public. Il se soumet à toutes les critiques, et à toutes les observations qu'on voudra lui opposer. C'est tout dire pour un homme *d'honneur*, pour un officier jaloux de l'estime publique, et pour un bon citoyen.

L'Assemblée croit ne pouvoir mieux répondre à

la confiance de.M. de Belair , et au sentiment qui
l'a décidé à la lui donner , que de concouir à
remplir l'objet qu'il se propose. Celui de publier
ses découvertes , d'appeller tous les citoyens à en
connoître la nature , à en apprécier le mérite , et
à les mettre à profit.

En conséquence , il a été unanimement décidé
que cette analyse scroit incessamment imprimée
aux dépens de la société , et MM. de Verières et
Virchaux , ont été nommés pour surveiller et accé-
lérer cette impression, et assurer la publicité de cet
ouvrage , que tous les citoyens sont invités à lire ,
à appuyer de leurs suffrages.

La société des amis des droits de l'homme et du
citoyen , a arrêté qu'il sera en outre nommé des
commissaires , à l'effet d'accompagner M. de
Belair, tant à l'Assemblée nationale, que par-tout
où le besoin le requerreroit , et pour donner à
l'impressiou toute la publicité que mérite cet
ouvrage.

Signés. PEYRE , *président.*
DUNOUI , *secrétaire.*

AUX
FRANÇOIS.

LA fuite du roi montre que nous sommes environnés de traîtres et de perfides. Ces hommes pervers communiquent, n'en doutons pas, avec nos ambitieux voisins qu'ils invitent à la guerre, telle chose qui arrive, elle est inévitable. Mais une chose plus certaine encore, c'est que le véritable moyen de l'éviter, ou de la rendre de peu de durée, c'est d'être puissamment armés.

Dans toutes les opérations de la guerre, une artillerie bien organisée, doit avoir une grande influence, principalement si cette artillerie est aussi mobile qu'elle doit être, sans que cette mobilité puisse nuire en aucune manière, ni à la justesse, ni à l'étendue des portées, ni même au service long-temps continué ; et l'artillerie remplira doublement les grands objets qu'on en doit attendre, si l'on peut, comme j'en suis certain, doubler sa puissance et ses effets.

Je me trouve heureux, dans ces circonstances, de pouvoir faire hommage à la Patrie, d'une

A 3

découverte que j'ai constatée autant qu'il étoit au pouvoir d'un particulier, par des expériences très - dispendieuses. Ces découvertes ont été approuvées par les militaires les plus distingués de l'Europe, auxquels j'ai eu l'occasion d'en développer les effets : depuis long-temps elles seroient connues, si, cédant au desir qu'on avoit en Prusse de m'en voir faire des épreuves authentiques, je n'avois pas eu à craindre, en faisant ces épreuves, de laisser percer le secret de mes procédés, secret qui peut être long-temps la propriété de la seule *nation françoise* ; si toutes fois l'on juge à propos d'adopter les mesures que je crois convenable de prendre. Le moment me semble arrivé d'exposer les grands avantages qu'on en peut attendre, en cas de guerre, dans toutes les opérations militaires, navales ou terrestres, de siège ou de campagne.

Ces découvertes se sont (*ainsi que mes recherches*) étendues également sur les bouches à feu, et sur la perfection des mobiles qu'elles projettent.

Les mobiles, et principalement les nouvelles cartouches que j'ai inventées, peuvent servir, avec de grands avantages, dans les canons ou dans les obusiers fondus d'après les propor-

tions en usage en France et dans les autres
pays. Mais elles auront des effets plus puissans,
en se servant des bouches à feu de mon invention, que j'avois envain proposé au ministère,
lors de la guerre entreprise par la France,
pour affermir la liberté des Anglo-Américains:
je ne retirai alors de mes démarches, que les
frais de cinquante voyages inutiles faits à Ver-
sailles, et un dérangement notable dans mes
occupations et dans toutes mes affaires ; je dois
ajouter à ces pertes, la saisie d'une partie de
l'édition d'un mémoire imprimé, dans lequel je
proposois ces nouvelles armes et ces nouveaux
mobiles.

Voici quelques-uns des principaux avantages
qui peuvent résulter, en faveur de la *nation
françoise*, de mes découvertes. Ces avantages
(*de l'aveu même d'un homme qui fut mon ennemi,
parce que je me refusai à lui donner la moindre
connoissance du secret de mon procédé, M. Tim-
pelhoff, l'officier principal, et celui qui passe pour
avoir le plus de réputation de l'artillerie prus-
sienne*) sont tels, que la nation qui en fera
usage, aura, sur les autres, la même supériorité que les Espagnols eurent lors de la découverte de l'Amérique sur les hordes nues et désar-

mées qui peuploient cette partie du monde.
M. *Timpelhof* me dit cela devant plusieurs françois, en me priant de faire des épreuves de ces
découvertes : au nombre des françois présens,
étoient M. *Borelly* , et M. *Louis de Bouillé* , fils
du général de ce nom.

Mes cartouches sont, de mes inventions militaires, celles qui pourroient plutôt servir à
augmenter nos moyens de défense. En peu de
jours elles pourroient être fabriquées, même moi
seul restant (*comme je le desire de peur d'avoir à
craindre les indiscrétions*) maître unique du secret des procédés, qui serviront à leur communiquer les grands effets dont elles sont susceptibles, et cette fabrique peut avoir lieu à
Paris. Ce qu'il est bon d'observer.

Ces cartouches, toutes choses égales d'ailleurs,
portent le double des autres, et parcourent cette
double distance dans un temps presque égal.

Un corps de troupes ennemies marchant sur
un corps de troupes françoises, auroit à essuier
pendant deux ou trois cent toises, un feu très-
meurtrier, à une distance de laquelle son artillerie ne pourroit nous faire aucun mal.

Si l'on suppose que ce corps ennemi par-
vienne à franchir cet espace, sans être déter-

miné à la fuite, et qu'arrivé à la distance où son artillerie puisse lui être de quelque utilité, il essaie de la mettre en action, sous un feu prodigieusement meurtrier, alors il faudra supposer que malgré les pertes déjà essuyées par cet ennemi, il pourra manœuvrer et agir avec quelque vigueur, ou se soutenir (*ce qui est impossible*) avec un feu très-inferieur, contre un feu supérieur, susceptible de plus de justesse et pro-digieusement destructeur.

Ce feu sera toujours très-supérieur, puisque quand le corps françois supposé attaqué, n'au-roit qu'un nombre égal, ou même inférieur, de bouches à feu, les cartouches de mon inven-tion portent sur un point donné (*à la distance où nous supposons que l'ennemi aura pu parvenir*), quatre, cinq ou six fois plus de balles, que les meilleures cartouches actuellement en usage chez toutes les puissances, même les plus mi-litaires.

Si l'on suppose que l'ennemi puisse avancer, chaque progrès qu'il fera, le conduira sur un terrain qui sera de plus en plus traversé de mo-biles innombrables, qui bien moins divergens entre eux que ceux qui composent les cartou-ches actuelles, ne laisseront pas un seul point

qui ne soit traversé dans toutes les directions,
presque toujours à hauteur d'homme ; et de
manière à glacer les plus intrépides courages.

Alors pour concevoir qu'un adversaire puisse
continuer sa marche, il faudroit supposer des
hommes assez braves, des troupes assez fermes,
pour (*indépendamment des pertes précédentes,
essuyées pendant que les françois n'auront pu recevoir
une seule égratignure*) pouvoir marcher, malgré
les obstacles de feux très-destructeurs, d'abord
quatre ou cinq fois plus nombreux et plus
meurtriers que ceux qu'ils pourroient faire ; feux
qui deviendroient ensuite, en raison des progrès
de l'ennemi, dix ou douze fois plus nombreux
et plus meurtriers, que les feux de cet ennemi,
avant qu'il puisse faire usage de sa mousqueterie ; mais quand on en seroit là, les françois
supposés attaqués, auroient aussi à faire usage
de la leur ; et il est bon d'observer que je me
suis assuré qu'elle peut être rendue susceptible
de produire de bien plus grands effets, contre
l'agresseur, bien avant que lui-même, puisse
espérer pouvoir faire un usage avantageux de
sa mousquetcrie.

Je ne détaillerai point ici toutes les preuves,
tous les objets, tous les détails intéressans qui

n'ont pu manquer de résulter de vingt-cinq
années d'expériences, de réflexions, de combinaisons, de travaux divers. Les épreuves que je
desire être autorisé à faire, seront bien autrement concluantes. J'ai tout lieu de croire même,
que le procès-verbal de ces épreuves exécutées
comme je le conçois, pourroit inspirer quelques terreurs à nos ennemis. Les résidens des
différentes puissances ne manqueront pas, suivant la coutume, de mander dans les différentes
cours, quels seroient les résultats. J'ose vous
assurer qu'ils seront de nature à faire une profonde impression : chez nos amis, pour les ras-
surer, chez nos ennemis, en leur faisant connoître la puissance des moyens dont nous pouvons disposer.

Je réitère mon observation ; c'est que nous
pouvons nous procurer ces cartouches, ainsi
que beaucoup d'objets de notre armement, à
Paris, et sous tous ces rapports il est utile que
cela soit très-promptement.

Ces travaux occuperont des ouvriers de
toutes les professions : mais vous y appercevrez,
Messieurs, un autre grand avantage, c'est qu'il
peut devenir très-à-propos, que tous les développemens de la force publique, tous ses

moyens, puissent partir du centre de l'empire, sur-tout dans un moment où nos munitions de guerre sont dilapidées, nos arsenaux vuides, et une partie de nos places frontières totalement désarmées par les perfides manœuvres de nos ennemis intérieurs, et peut-être par la détérioration de nos manufactures d'armes.

Les moulins à poudre peuvent fabriquer par mois, cinq à six cent milliers : en peu de tems vous pourrez avoir, à Paris, une quantité considérable de cette espèce essentielle de munitions de guerre ; c'est ce qu'on ne vous a jamais dit d'une manière précise, et ce qu'on ne sauroit trop dire.

La sécurité que l'on doit s'efforcer de procurer à cette grande ville, ne permet pas de l'enfermer dans des magasins voûtés et construits en grosse maçonnerie. On en use différemment en Prusse, où la poudre est placée, en tems de paix, dans des magasins d'un construction légère, qui ne laisse craindre aucun dangers en cas d'explosion. Nous pouvons facilement adopter cette mesure ; dans tous les tems elle est prudente, elle peut être d'une grande utilité : car en cas d'accident, un magasin voûté en grosse maçonnerie, feroit, contre une grande ville, l'effet de plusieurs batteries de mortiers. Les pierres iroient enfoncer les planchers et écraser au loin, les citoyens dans leurs demeures.

Nous n'avons point de fusils en nombre suffisant. Il existe heureusement d'excellens canonniers, qui n'ont pas leurs pareils en Europe ; il existe d'excellens arquebusiers pour monter ces canons. Les armes qu'on pourroit faire fabriquer par ces habiles artistes, seroient immanquablement plus chères que celles fournies par les manufactures ; mais elles seroient infiniment meilleures et d'une plus grande durée. Mais qu'importe la cherté, si nos manufactures d'armes, placées sur nos frontières, sont hors d'état de fournir à nos approvisionneme.. ?

Nous n'avons pas à balancer, il faut se procurer des armes à tel prix que ce soit. Ces travaux répandront dans Paris, l'aisance et l'activité ; dès-lors cette cherté des armes cesseroit d'être un inconvénient ; elle deviendroit un avantage.

Il est possible de rendre ces travaux plus utiles à la cause de la liberté. Je suis parvenu à donner aux feux de la mousqueterie, la même supériorité qu'aux feux de l'artillerie. Avec cet avantage même, que les armes à feu portatives perfectionnées, l'étant pour les chasses diverses comme pour la guerre, et produisant des efforts aussi surprenans qu'utiles, cette partie pourroit faire en tems de paix, et même dès-à-présent, une branche considérable de commerce intérieur et extérieur, et cette considération doit être d'un très-grand poids.

Nous n'avons point de *boulets* : mais les *cartouches* de mon invention, nous les rendent peu utiles, du moins dans la guerre de campagne, (*ce qu' ne peuvent faire aucunes existantes*,) et ces cartouches peuvent être bien plutôt fabriquées que ne pourroient l'être des boulets.

Nous n'avons point *d'obusiers*, pour le service de campagne ni de canons de *gros calibres* : il seroit peut-être utile, puisqu'on continue à fondre dans les atteliers de MM. Perriers, de couler des pièces de *douze*. En adoptant les *pièces à chambres*, composées de mon invention, je pourrois faire couler des pièces de *dix-huit livres*, aussi mobiles que les pièces de *quatre* actuelles; quoique plus justes, plus résistantes à un service continuel, et fournissant à des portées plus étendues que les pièces actuelles, du calibre de dix-huit livres.

Signé A. P. Julienne de Belair.

LA SECONDE
AUX FRANCOIS.

CE que vous venez de lire, citoyens, est ce que j'ai communiqué à l'Assemblée nationale *par le moyen de M. Menou*, parce que mes observations, et principalement les découvertes dont j'indique les avantages, peuvent contribuer à sauver la patrie, soit en nous mettant à portée de terminer promptement la guerre, soit même en la rendant impossible pour nos ennemis. Je l'ai communiqué au département de Paris, afin de pouvoir prendre acte de la priorité de mes découvertes sur toutes celles que la contre-façon, ou une servile imitation, pourroient vouloir faire rivaliser avec les miennes.

Il m'est permis, je crois, d'espérer de ces découvertes un prix, non - seulement relatif à ce qu'elles m'ont coûtées de dépenses de soins et de recherches, mais encore à l'utilité dont elles peuvent être, sous plus d'un rapport.

Ayant plus de tems, citoyens, je vais ajouter que relativement à la défense de l'empire,

Vous devez bien distinguer, dans ce ce qui vient de vous être exposé, deux choses très différentes ; savoir :

1°. Des observations, sur les moyens de vous mettre dans le meilleur état de défense, en suivant les procédés en usage : sur les moyens à prendre pour remédier au dénuement de la plupart de vos arsenaux, et pour vous mettre en état de pouvoir faire partir de Paris (*centre de l'empire*) les développemens de tous vos grands moyens de défense. Par cette mesure, vous serez toujours à portée de remédier aux accidens qui pourroient résulter de la dilapidation de vos munitions de guerre, et de la négligence, ainsi que la mauvaise volonté de ceux qui sont chargés d'armer en guerre, nos places frontières.

2°. Vous devez remarquer, de plus, **une série de** découvertes sur les moyens d'augmenter beaucoup la puissance des effets de l'artillerie, soit en perfectionnant ses différens mobiles, (*tant ceux qui sont à l'usage des grosses bouches à feu, que ceux qui peuvent servir aux armes portatives, soit pour la guerre, soit pour toutes les espèces de chasses*) soit en perfectionnant les grosses et petites bouches à feu, même celles qui sont portatives, comme les fusils, les pistolets, les carabines, les fusils obusiers, les mousquetons, ect.

Dans tous les cas, citoyens, si vous êtes jaloux de vivre et de mourir libres, il faut commencer à prendre

prendre dans la plus sérieuse considération, le
séries d'observations sur ce que vous avez à faire
pour completter votre armement. Si vous voulez ne
rien donner aux hasards, si vous voulez intimider
les despotes et les tyrans, et combattre après vous
être indubitablement assurés de la victoire, il est
indispensable que vous donniez la plus grande attention à la série de découvertes militaires, dont je
vous fais l'hommage.

L'économie qui résultera, par la suite, de
l'adoption de ces découvertes, fera plus que
compenser le très-petit surcroît de dépense, dans
lequel pourroit entraîner cette adoption.

Mais quand il faudroit faire plus de dépense:
quel est celui d'entre vous qui n'aimeroit pas mieux
payer chèrement le médecin dont le savoir pourroit incontestablement sauver un malade, dont la
conservation seroit importante pour toute la so-
société, que de payer, avec plus de parcimonie,
celui dont la science douteuse ne donneroit qu'un
foible espoir, de conserver ce malade intéressant?

Et puis. chers Citoyens, il importe, sans doute,
qu'on s'apperçoive que le génie de la liberté prête
ses ailes et sa force, à celui de l'invention? Il faut
qu'on s'apperçoive que les peuples libres, par la
puissance des moyens dont ils peuvent disposer,
l'emportent autant sur les hordes d'esclaves disci-
plinés, que les tyrans traînent à leur suite, que
l'homme civilisé l'emporte sur le sauvage abruti.
Il faut fixer la victoire auprès des pavillons de la

B

liberté. Quelle honte , si des hommes libres
étoient forcés de fuir devant des esclaves et des
tyrans, quelles que soient les causes d'un pareil
malheur. Nous conserverions , dira-t-on, notre
liberté , malgré vingt défaites : je le veux , j'en
suis convaincu ; mais les FASTES DE LA LIBERTÉ
ne seroient-elles pas souillées, et n'aurions-nous
pas à verser bien des larmes sur les victimes nom-
breuses qui auroient ensanglanté nos désastres ,
ainsi que le sol où doit germer la liberté ?

Quoique puissent vous dire , quoique puissent faire les ennemis de la chose publique , ne
les écoutez qu'avec une salutaire défiance ; quand
ils vous diront d'être tranquilles, que les dangers
sont passés , que nous avons des armes plus qu'il
ne nous en faut. On nous endort de toutes ces
vaines allégations, et de toutes ces impostures ,
depuis deux ans , et depuis deux ans , de toutes
les contrées du royaume on en demande tous les
jours ! En demanderoit-on, si l'on en avoit suffisamment, en laisseroit-on manquer les départemens les plus exposés , si les arsenaux en étoient
remplis ? Examinez, jugez, et prononcez. Quand
il seroit vrai que nos arsenaux fussent pleins, relativement à la fourniture des troupes de ligne , le
seroient-ils relativement à l'armement d'un nombre de gardes nationales vingt fois plus considérable ? Et puis , Citoyens, il vaut mieux outrer
les précautions , que d'en omettre une seule.

Que deviendriez-vous , si les tyrans pouvoien

triompher, en se prévalant de votre insouciance ?
Quel joug odieux et pesant ils voudroient vous
imposer ! Quelles exécutions sanglantes ils feroient
de vous, de vos femmes, de vos enfans, de vos
amis ? Vous n'auriez pas assez de sang dans vos
veines, pour assouvir leur soif insatiable de vengeances et d'atrocités.

Parisiens, vous à qui la révolution doit tant,
changez votre immense cité, en un vaste attelier
d'armes et de munitions militaires, et alors elle
deviendra le temple de la victoire et de la liberté.

Feriez-vous moins pour cette liberté, qu'un
tyran ne fit autrefois pour se préparer à des conquêtes et à de nouvelles usurpations ? Pourriez-
vous mériter que la postérité, comparant un jour
les révolutions de Paris à celles de Syracuse,
s'apperçût, en rougissant pour vous, qu'un usur-
pateur fût plus habile, plus actif, et déploya plus
de talens, de précision, de ressources, afin de
prolonger habilement la servitude de ses concitoyens, que ne fit un peuple libre pour, en con-
servant sa liberté, étendre sur l'univers entier les
salutaires influences de cette divinité bienfaisante?

Denis (1) savoit presque faire pardonner sa ty-

_____

(1) Ce qui me surprend et m'étonne, c'est qu'il
est plus d'un Denis et d'un Pisistrate dans Paris, et
qu'il ne se trouve aucun citoyen qui aie le courage
de les dénoncer : il s'en trouveroit, dit-on, si l'on

rannie , et même chérir son esclavage . (1) en
excitant une grande activité dans la capitale des
états dont il avoit usurpé l'empire , en procurant
des travaux productifs et des salaires abondans à
tout un grand peuple , en excitant tous les genres
d'industrie , d'émulation , en montrant un but,
noble en apparence , (*celui des conquêtes*) en
soutenant , et sachant même exalter , une sorte

---

espéroit trouver des juges assez fermes , pour les
faire mettre en état d'arrestation , et pour leur faire
leur procès. Si cela est , quelle est donc cette liberté
dont nous vantons ? Eh ! l'on ose parler de se consti-
tuer en république ! Quand je dis que nous avons plusieurs Denis et plusieurs Pisistrates , il ne faut pas
prendre la chose au pied de la lettre. Les intrigail-
leurs dont je parle , n'ont pas les talens de ces anciens
tyrans ; mais ils ont le même desir de saisir les rênes
de l'empire , et de conduire seuls la machine du gouvernement. Ah ! citoyens, vous ne voulez plus de
rois , et vous laissez pulluler les tyrans.

(1) Ce mot n'est pas trop fort pour exprimer le
degré d'avillissement, dans lequel tombe un peuple
qui souffre qu'une partie des citoyens s'engoue de l'un
d'entr'eux , en se rendant ses vils satellites ou ses prô-
neurs. C'est cette inconcevable idolatrie, qui a pu
seule étayer l'usurpation tyrannique, des Pisistrates,
des Policrates , des Agatocles , des Denis , et de
tous ces tyrans dont les noms souillent l'histoire.

d'énergie qu'on prenoit, peut-être, pour la liberté.

Nos administrateurs, au contraire, ont semblé avoir pris à tâche, de s'efforcer de rendre la liberté insuportable à presque tous les individus de la classe industrieuse : (1) ils ont laissé tomber et dépérir tous les arts et métiers qui sont comme le patrimoine de Paris, parce qu'ils demandent une industrie très-éclairée qu'on ne peut trouver que dans cette grande ville. Ils ont fermé l'oreille à tous les avis des gens sages qui pouvoient les mettre sur la voie, de pouvoir ranimer les arts languissans, ainsi que les espérances brillantes que doit donner la liberté. Ils ont enfin tenté d'avilir le peuple, par ces travaux dits de charité, dont le nom même étoit une insulte, une coupable absurdité, et dont l'objet étoit un signe de la plus profonde déraison, ou de la plus criminelle témérité. (2) Mais, Citoyens, actuellement que

---

(1) C'est en vain qu'on adressoit des mémoires aux administrateurs, sur les moyens de parer à ces inconvéniens. Ces Messieurs, plus fiers que les ministres des despotes, ne répondoient pas ! ils continuoient à sacrifier sans mesure les capitaux de l'état pour solder leurs inepties.

(2) Nous avons dit et imprimé plusieurs fois, qu'il n'y a pas de travail bien conçu qui ne puisse valoir mieux que l'argent qu'on donne pour le solder.

B 3

vous êtes libres , que vous seriez blâmables , si
de pareils abus n'étoient promptement réparés.
Un peuple mis aux fers ne peut changer ses tyrans , il ne peut donc être coupable de leurs
sottises ; c'est bien assez qu'il en recueille les
fruits amers , le blâme n'en peut réjaillir sur lui.
Mais vous , citoyens . mais un peuple desasservi
ne doit il pas savoir choisir convenablement ses
administrateurs ? S'il s'est trompé , ce peuple libre ne doit-il pas révoquer les dépositaires de
sa confiance s'ils tergiversent , ne doit-il pas
les contraindre de s'éclairer , s'ils manquent de
talens , ou les forcer d'aller droit , s'ils paroissent
chanceler.

Citoyens , vous parlez de seconder les troupes
de ligne ; le pouvez-vous faire , si vous n'êtes
point armés? Prenez donc en considération tout
ce qui vous manque , tâchez de vous le procurer
promptement , et tenez-vous prêts à tous les
événemens.

Vous parlez de vous rendre sur les frontières ,
aux premières tentatives de nos ennemis : ce
mouvement généreux ne me surprend pas , de

S'il y avoit une charité de faite , ce seroit celle que
feroit à l'état l'ouvrier actif et laborieux , qui donneroit à la patrie le résultat d'un travail utile, d'une valeur considérable , pour une rétribution en argent
d'une moins grande valeur ; mais alors ce seroit une
offrande , et non pas une charité.

la part des citoyens Français et libres. Mais, chers compatriotes, avez-vous la moindre chose de ce qu'il vous faut, pour vous rassembler en grands corps, pour subsister ensemble, je ne dis pas, quelques mois ou quelques semaines, mais même quelques jours ? Et si vous ne pouvez subsister, comment pouvoir attendre le moment favorable pour vaincre à coup sûr. En vous portant en grand nombre sur un point menacé, vous affameriez plutôt une province, que vous ne la défendriez. Le contraire arriveroit, si vous cherchiez à être pourvus de ce qui vous manque.

Vous n'avez de prêts ni fours, ni moulins portatifs, ni tentes, ni caissons de vivres, ni chariots de bagage. Quand il y en auroit pour les troupes de ligne, y en auroit-il pour vous ? Ignorez-vous ce que vous aurez long-tems à craindre de la mauvaise volonté du plus grand nombre des officiers des troupes de ligne, tant qu'ils ne seront pas renouvellés ?

Si une frontière dégarnie, (*comme il en est plusieurs qui le sont par une mauvaise répartition des troupes de ligne,*) est menacée sur plusieurs points, s'il faut que vous vous portiez seuls, sans nos frères de l'armée, pour contenir les satellites des tyrans, et repousser une invasion : vous n'avez point de pontons pour jetter les ponts sur les rivières que vous aurez à traverser, pour suivre l'ennemi, le tourner, ou manœuvrer en sa présence. Vous n'avez point de caissons de

munitions, ni de caissons d'outils propres à raccom-
moder les chemins, à remuer la terre et à construire des retranchemens. Cependant il peut vous
être infiniment utile d'en former.

Contre des troupes manœuvrières, comme sont
celles qui vous attaqueront, il faut temporiser;
il faut vous retrancher et ne jamais hazarder de
batailles ni de grands combats en rase campagne ;
ce seroit vous abuser que d'oser vous dire le
contraire. Cependant, ceux mêmes qui, peut-être,
seroient les plus prompts à tourner le dos dans
le danger, seront, peut-être, ceux qui, conjoin-
tement avec les fauteurs du despotisme, vous
engageront le plus, à vous confier, je ne dis
pas, à votre bravoure, mais à votre témérité.
Souvenez-vous que la cause de la liberté est
trop importante et trop belle, pour qu'en la
défendant, on doive rien donner au hazard.

Il seroit bien à propos que chaque section de
Paris pût se procurer deux ou trois forges de
campagne, ainsi qu'une augmentation d'artillerie,
en bouches à feu, de gros calibres, très-légères
et très-mobiles, et sur-tout, cinq ou six chariots
d'outils, propres à remuer la terre, à faire des
retranchemens, à racommoder les chemins ;
il faudroit que ces caissons fussent toujours prêts
à être attelés. Ces outils auront toujours leurs
prix, et si les tyrans qui ont promis à leurs satellites le pillage de Paris, osoient percer jusqu'à
nous, ces divisions de chariots d'outils, nous
fourniroient les plus sûrs moyens de les arrêter et

de gagner du tems. Au moyen de ce tems gagné, nous serions sauvés et garantis du pillage. Nous trouverions sans doute les occasions de faire mettre bas les armes à ces malheureux, d'ouvrir leurs ames au désir de n'être plus esclaves : nous les renverrions dans leurs pays, apôtres d'une constitution libre, et admirateurs de la générosité Française, si toutesfois ils ne s'étoient point rendus indignes d'un pareil traitement, par des déprédations coupables, qu'on pourroit, au reste, ne punir que sur leurs chefs.

Une chose qu'on ne sauroit trop vous redire, c'est que vous n'avez point de poudre ; il faut vous le crier sur les toits : Citoyens vous n'avez point de poudre. Au lieu de quatre ou cinq millions de livres que vous devriez avoir à Paris et dans les environs, en un grand nombre de magasins, vous en avez vingt ou vingt-cinq milliers, encore sont-ils enfermés d'une manière dangereuse pour votre cité, dans un seul magasin.

Vos moulins fabriquent par mois, cinq à six cent milliers ; et depuis deux ans qu'on vous répète, *vous n'avez point de poudre*, vous ne voulez pas entendre, que vous n'en avez pas vingt-cinq milliers ! Ouvrez-donc les yeux, voyez qu'elles mesures vous avez à prendre, et songez que le péril est pressant.

Vous croyez avoir une artillerie, parce que vous avez quelques canons de petit calibre. Mais d'abord, citoyens, pour ces canons même, vous

n'avez point les armemens suffisans, ni de rechanges, ni de ces forges de campagne que je
vous ai déjà indiqués. Vous n'avez point de boulets, de cartouches à balles, de caissons pour
cartouches à canon.

Quand vous auriez tous ces objets ?

Vous n'avez point d'obusiers de six ni de huit
pouces ; vous n'avez point de pièces de huit ni de
douze livres de balles. Par conséquent vous n'a-
vez pas non plus ni les rechanges, ni les armemens de ces pièces, ni les caissons à cartouches,
ni les boulets, ni les balles de fer battu, grosses
et petites, qu'il faut pour les cartouches des ces
calibres ! ah citoyens, qu'il vous manque de
choses dont vous n'avez pas même l'idée, et sans
lesquelles le courage le plus ferme, ne peut souvent rien.

Vous n'avez point non plus de balles de fer
battu pour les cartouches *d'obusiers* ; ces cartouches sont d'autant plus indispensables, qu'on n'a
point D'OBUSES (*bombes d'obusiers*), et qu'on seroit peut-être quelque tems à Paris, avant de savoir
mouler et de savoir couler ces bombes.

Les OBUSIERS nous seront d'autant plus utiles
que ces armes, dont on paroît beaucoup mieux
connoître le mérite en Allemagne qu'en France,
sont très-multipliées dans les armées germaniques,
qu'elles sont d'un excellent usage ; c'est donc une
nécessité de nous mettre en état de combattre à
armes au moins égales.

Pour nous pourvoir de matières propres à faire

des balles à cartouches , nous avons les grilles
provenant des démolitions des bastilles , des
églises , des monastères devenus inutiles : cette
fabrication occupera les cloutiers , les taillandiers ,
les maréchaux , les serruriers , tous les ouvriers en
fer , en un mot.

Si vous adoptez les cartouches de mon invention , vous employerez encore les fondeurs en
cuivre , les mécaniciens , etc. ; pour les moules
et pour d'autres objets , ainsi que plusieurs autres
agens de la classe industrieuse.

Je ne vous ai parlé , jusqu'à présent , que de
ce que vous avez à faire pour vous mettre en état
de vous défendre , par les moyens les plus ordinaires ; mes inventions n'ajouteroient que peu à
ces grands mouvemens ; mais elles leur donne-
roient une direction plus avantageuse. Vous n'auriez pas plus d'embarras , pas plus de soins à vous
donner , pas plus de dépenses à faire , et vous
obtiendriez des moyens de défense plus puissans ,
plus vigoureux , et d'un effet bien plus certain.

Au lieu de pièces de douze et de huit, je vous en
ferois couler de calibres plus forts, avec des dépenses moins considérables que les frais que ne pourroient manquer de vous occasionner , celles même
de huit livres de boulet, et qui ne peseroient pas autant que ces pièces. Ces bouches à feu seroient cependant, malgré leur grande mobilité, susceptibles
d'effets. plus puissans, plus rédoutables que les canons de seize , qui sont pour le service de terre , et
même que ceux de 18 liv.. qui sont destinés au ser-

vice de la marine : ces bouches à feu pourroient armer vos grosses frégates, ainsi qu'elles pourroient marcher en avant de vos bataillons, et défendre ou attaquer des retranchemens.

Avec les mêmes balles de fer battu, qu'il vous faudroit nécessairement avoir, pour les cartouches de votre artillerie, je pourrois faire celles de mon invention. Mais, citoyens, pour donner à ces cartouches toutes les propriétés dont elles sont susceptibles, il faudroit changer les proportions de ces balles de fer battu ; il faudroit prendre à ce sujet quelques mesures qui font partie du secret de mes procédés..... Mais ces mesures n'augmenteroient pas les dépenses et ne changeroit rien, en apparence, à ce que vous avez absolument à faire, soit que vous vouliez continuer à vous servir d'un moyen qui est semblable à ceux dont vos ennemis savent, comme vous, faire usage ; soit que vous adoptiez les inventions que je vous propose ; dont l'adoption ne peut manquer de vous rendre d'autant mieux, et d'autant plus complettement supérieurs, à vos ennemis, dans toutes les actions de la guerre, qu'ils ne pourroient imiter ces moyens.

Si vos ennemis vous entraînoient en même tems dans une guerre continentale, et dans une guerre maritime ; alors les inventions que je vous propose, acquéreroient encore un plus grand degré d'utilité. Ces inventions augmentent prodigieusement les effets de l'artillerie navale, elles mettent à même d'armer, sans les surcharger (et en contraire en allégeant les ponts des vaisseaux de guerre, des poids énormes de leur artillerie actuelle), tous nos bâtimens, de canons de plus forts calibres, et ces bouches à feu seront bien plus redoutables que les caronades dont les Anglois et Hollandois arment leurs navires depuis quelques années.

Quant aux cartouches, comme l'expérience m'a indiqué, de concert avec la réflexion, les moyens de savoir varier leurs effets, de les proportionner aux objets qu'il nous peut importer de remplir, je vais ici entrer dans un détail que l'empressement de communiquer promptement mes découvertes à l'Assemblée nationale, ne m'a pas permis d'insérer dans l'adresse que vous venez de lire.

Ces cartouches (ou comme je les appelle, ces mobiles groupés) qui dans le service de campagne peuvent se développer d'elles mêmes, presque au sortir de la pièce, (un peu plus ou un peu moins, suivant qu'on veut tirer sur un corps plus ou moins éloigné,) peuvent être fabriquées de manière à pouvoir, dans les combats de mer, étant lancées par des bouches à feu de gros calibres, percuter les mâts, les vergues, les bordages avec toute l'énergie des plus gros boulets : ensuite après avoir rompu, ou percé en, masse les corps qu'on peut avoir intérêt de détruire, elles se divisent en mille parties, et répandent sur les gaillards ou dans les entreponts, des multitudes de globules et de corps meurtriers, bien capables d'introduire le désordre, la terreur, et le découragement.

Si j'avois le tems de vous analyser les divers avantages, très étendus et très-variés, que vous peuvent offrir la série d'inventions dont je vous propose l'adoption et l'usage ; vous verriez d'une manière plus complette et plus satisfaisante, chers concitoyens, combien ces inventions peuvent être utiles, combien elles sont d'autant plus recommendables, qu'elles ne peuvent vous occasionner aucunes dépenses extraordinaires, ni différentes, sensiblement, de celles que vous avez nécessairement à faire. On ne sauroit trop vous le redire, tous les travaux préparatoires sont les mêmes que ceux qu'il vous faudra toujours entreprendre, si, comme on n'en peut douter, vous voulez vous mettre en état de vous défendre, par les moyens les plus ordinaires, et même par des moyens qui seront peut-être, (*si vous refusez de m'en croire*), inférieurs à ceux de vos ennemis ; à quoi il faut ajouter que mes cartouches peuvent être plutôt construites à Paris, qu'il ne seroit possible d'y fondre des boulets, ou d'en approvisionner suffisamment les sections : les épreuves seules peuvent apprendre complettement combien ces nouvelles cartouches sont supérieures aux boulets, et tous les autres genres de mobiles.

La supériorité de ces cartouches, étant une fois constatée, elles pourroient faire un objet de commerce pour la France, et principalement pour Paris; car comme il est impossible d'en découvrir le mécanisme, on pourroit en vendre une certaine quan-

tité (*avec les précautions convenables*) à ceux des
alliés de la France que nous voudrions obliger.
Aux Turcs , par exemple , pour les mettre en état
de contenir les deux empires les plus inquiétans
de l'Europe ; aux Prussiens , si , sérieusement , ils
vouloient aider les Turcs à humilier l'Autriche et
la Russie , dont l'insatiable ambition menace la
liberté de l'Europe.

En paix , (*et nous la regardons d'autant mieux
comme devant être notre état habituel , que nous
ne proposons des moyens de nous mettre dans un
état de guerre formidable , que pour la fixer parmi
nous ,*) en paix , disons-nous , ce commerce pourroit avoir lieu sous d'autres modifications.

Dans les armes de chasse , ainsi que dans celles
qui sont en usage pour la guerre : l'application des
principes qui servent à construire les nouvelles
cartouches , fait que les plus petits mobiles ac-
quièrent des portées étonnantes : elles donnent ,
(CES GRANDES PORTÉES ,) le moyen de multi-
plier les jouissances , et les plaisirs de cet exer-
cice. Elles font que les plombs François à gi-
boyer , vont bien plus loin , et d'une manière bien plus prompte , et bien autrement susceptible de justesse , que ne l'est LE PLOMB PA-
TENTE , dont le privilége a été acheté 360 mille
livres en Angleterre. Si ces deux inventions
étoient estimées ou payées en raison exacte de
leurs mérites réciproques et de leurs utilités ;
l'invention Françoise , considérée comme objet

de commerce , (*relativement à la classe seulement ,*) vaudroit plutôt 3 millions 600 mille livres que le plomb patente n'a pu valoir trois cents soixante mille livres. Mais en ce genre , comme dans les grosses bouches à feu , les effets étant d'autant plus considérables , que les bouches à feu portatives seront plus parfaitement construites en conséquence; si les étrangers veulent jouir de cette invention dans toute sa plénitude; je trouverois les moyens de les déterminer à se pourvoir d'armes à Paris. De cette mesure , et de ces combinaisons , résulteroit l'entretien des arts de forger les canons et de l'arquebuserie ; dans l'état brillant dans lequel doit nécessairement les mettre , en ce moment, le desir de nous pourvoir d'armes pour les objets militaires : ce sont ces objets qui doivent principalement nous occuper.

Relativement à ces points de vue militaires , on dira peut-être que les armes à feu portatives seront plus chères à Paris qu'ailleurs ; mais aussi , citoyens, comme il y a plus de surveillance , de lumières , d'émulation, de goût et d'industrie à Paris qu'ailleurs , ces armes seront non-seulement plus belles , mais elles seront d'un meilleur service , plus justes , plus solides , et faites par conséquent de manière à durer plus long-tems. D'ailleurs l'art de fabriquer sera bien plus promptement porté à sa perfection ; alors cet inconvénient de la cherté pourra diminuer. Mais quand cela ne seroit pas , ne vous faut-il pas des armes , ne vous en faut-il

faut-il pas à tel prix que ce soit ? Le luxe des enfans de la liberté ne doit-t-il pas être un luxe mi-
litaire ? C'étoit celui que se permettoient Caton et
Brutus. Ces noms si chers aux François régénérés,
sont ceux de deux hommes qui vouloient que les armes des hommes libres fussent les plus belles possi-
bles. Ce luxe nous convient, puisqu'il est indispensable et nécessaire : il est indispensable pour
assurer notre constitution : il est nécessaire pour
occuper, et plus parfaitement affectionner, à la
cause de la liberté, une foule d'agens de la classe
industrieuse, que nos administrateurs ont beaucoup trop négligés.

Absorbés comme ils l'étoient, faute de savoir
mieux faire, ou par des motifs que nous ne voulons point analyser, par ces inutiles et dangereux
travaux de charité qui dépensoient STÉRILEMENT
pour la cause de la liberté : qui dépensoient STÉ-
RILEMENT pour la prospérité générale et particu-
lière, des capitaux immenses ; ils sembloient
croire avoir remplir tous leurs devoirs. Qu'ils en
sont loin ! Presque tous ont semblé dormir avec
sécurité sur l'orifice d'un volcan prêt à faire explosion : elle est faite cette explosion : mettons-nous
en état d'en circonscrire les ravages.

Plusieurs de mes inventions, relatives à la perfection des bouches à feu et de leurs mobiles,
mes nouvelles cartouches sur-tout, peuvent beaucoup nous aider : ce sont de véritables TYRANNI-
CIDES que la loyauté la plus franche, que les

C

scrupules les plus austères ne pourront jamais re-
procher aux François.

Louis XIV et son conseil , achetèrent d'un Italien , un secret relatif, au moyen d'augmenter
les effets de l'artillerie ; car rien , de ce qui
peut être avantageux à l'état , n'échappe à
ceux qui tiennent d'une main ferme les rênes
d'un gouvernement ; fussent-ils despotes , ils
accueillent ce qui peut être utile , (*les hommes
ineptes ne le font pas* ,) ou ne se servit pas du secret , parce qu'on craignit qu'il ne devînt commun à nos ennemis comme à nous ; et que , disoit-
on , le procédé de l'Italien répugnoit à la loyauté
Françoise (1) ; d'ailleurs on récompensa conve-

_____

(1) Il n'est pas mal-à-propos de raprocher ces sen-
timens d'humanité , dont voulut dans cette circonstance faire parade la cour de Louis XIV , avec les
dragonades des Cevènes, le ravage du Palatinat,
ect. Cela peut faire voir combien les despotes les
plus éclairés sont souvent inconséquens.

Au reste , il va paroître très-incessamment de
l'auteur de ces inventions un ouvrage de quelque importance , suivi d'un dictionnaire, dans lequel on
trouvera, dans un certain détail , les connoissances et
les renseignemens relatifs à l'état actuel de notre artillerie , et aux nouvelles découvertes qu'il propose,
pour en rendre les effets plus considérables et plus
décisifs : enfin , on y trouvera des renseignemens relatifs à tout ce qui fait l'objet de cet écrit. Il fau-

nablement l'auteur, par équité, et peut-être aussi, pour qu'il ne fût pas tenté de porter à d'autres puissances son secret.

Mais mes inventions sont d'un tout autre genre; la France peut en être long-tems seule en possession; elles ne blessent en aucune manière les loix, ni le droit de la guerre; et d'ailleurs elles ne sont destinées que contre des agresseurs et des tyrans.

Dans tous les tems, dans toutes les guerres, ces inventions, et principalement celle des cartouches nouvelles, nous serviront comme à présent. Elles seront d'une extrême économie sous bien des rapports, et principalement, parce qu'elles nous préserveront souvent de la guerre, ou qu'elles vous mettront en posture de terminer promptement celles qui pourront vous survenir.

Dès-lors quelles diminutions dans vos dépenses? Quelle sécurité n'en résultera-t-il pas pour l'empire, pendant sur-tout qu'on terminera la constitution, et qu'on travaillera pour la consolider?

Quelques envieux, quelques hommes mal intentionnés pourront vous dire, afin de retarder vos mesures, qu'on n'a pas le tems d'examiner le mé-

---

droit plusieurs volumes pour que ces détails soient présentés dans toute leur étendue; et l'urgence des circonstances ne laisse pas le tems de les publier, du moins en ce moment.

C 2

tite de telles inventions, ni d'accepter mes propositions. On a le tems de tout, quand on veut
sincérement le bien. Les despotes mêmes, quand
ils sont éclairés, le prennent : que ne doivent donc
pas faire les administrateurs des peuples libres.
Permettez, citoyens, que j'appelle l'histoire à mon
aide. Voici des faits qui vous prouveront qu'il est
aussi utile d'accepter promptement certaines propositions avantageuses, qu'il seroit dangereux de ne
pas le faire, ou de temporiser.

Après de longues prospérités, non interrom-
pues, l'empire Turc éprouvoit des revers ; ils
alarmoient les bons Musulmans, les mauvais choix
se succédoient, les désastres se multiplioient. Le
Sultan voyant que les hommes qui se pressoient
à sa cour. n'étoient pas ceux qu'il falloit dans les
circonstances, fit ce qu'on ne fait pas communé-
ment ; il fut au devant des hommes qui lui man-
quoient. et il en trouva un ! Voici comme il s'y prit
pour cela. Il se déguisoit les soirs, et couroit, sans
se faire connoître, les cafés les plus obscurs de
Constantinople. Un jour il entendit un homme
qui déclamoit contre la lâcheté des officiers de
l'empire ; il juroit que s'il avoit un seul vaisseau à
commauder, il ne voudroit pas rentrer dans le port
sans y amener des prises. Il persuada le Sultan,
qui fut éclairé sur le mérite de cet homme. comme
par un trait de lumière. Le lendemain il le fit venir,
lui rappelle ses propos de la veille, et lui donne
le commandement d'un vaisseau armé en course,

que l'autre accepte sans marquer aucun étonne-
ment.

Le nouveau capitaine s'empresse de mettre en
mer ; et peu de jours après, il acquitte ses promesses, en rentrant à Constantinople avec des
prises considérables.

De grades en grades, il s'éleva aux premières
charges de l'empire, par de nouveaux triomphes ;
et cet homme obscur en apparence, vengea la
gloire de l'empire humilié, par des victoires rem-
portées sur les Hongrois, sur les Vénitiens, sur
les Perses : l'empire fut conservé, parce que le
Sultan fut persuadé ; parce qu'il trouva le tems
d'entendre et d'éprouver.

Je vous ai entretenu d'un despote, mais on
a dit avec raison, qu'il falloit prendre un bon
avis, même d'un ennemi. Je vais actuellement
vous parler de peuples libres ; prêtez moi encore
un moment d'attention.

Après trois grandes victoires consécutives rem-
portées par un fameux Romain, (*Régulus*) sur les
Carthaginois, ces peuples avoient perdu toute es-
pérance de salut, voyant la capitale de leur empire presque bloquée. Xantippe, un étranger,
témoin de ces désastres, témoin des terreurs qu'ils
occasionnoient, et se sentant les moyens d'en
arrêter le cours, il dit et assura plusieurs fois dans
les clubs de Carthage, dans d'autres assemblées,
qu'il sauveroit l'état, si on lui confioit le commandement des armées. Les peuples l'écoutèrent.
Ils dénoncèrent, ainsi que les clubs, au sénat

Carthage (1) ces propos et ces promesses, qui faisoient luire quelques espérances, au milieu des malheurs les plus accablans.

Le sénat, quoiqu'il fût plus puissant. quoiqu'il eût bien une autre majesté qu'un comité de section, ou qu'un directoire, témoigna le desir d'écouter l'étranger; il fut engagé à développer ses moyens, à faire connoître ses plans, ses projets : on osa lui confier le salut de l'état ! On fit

---

(1) En étudiant l'histoire ancienne, on ne répugne pas à croire, qu'il y eût à Carthage plusieurs comités. L'un où l'on recherchoit les actions et les personnes qui pouvoient menacer la chose publique ; car à Carthage l'administration étoit soupçonneuse. Dans celui-là étoient les Mitouflets du tems, des robins et des mouchards de la police Carthaginoise. Les autres, plus dans l'esprit d'une constitution libre, et d'un peuple magnanime et généreux, s'occupoient des récompenses à décerner aux hommes qui avoient bien servis l'état, ainsi que de la recherche des citoyens qui pouvoient le bien servir. Ces autres comités des recherches, que je voudrois voir adoptés chez nous, étoient composés de militaires, de gens de lettres, d'agriculteurs, de la trempe de ceux qui composèrent sur l'économie rurale les livres précieux, que le sénat de Rome fit traduire avec soin; mais qu'on a laissé perdre dans les siècles de barbarie, comme presque toujours on a laissé perdre ce qui pouvoit être véritablement utile. Il paroît que ce

plus, on ne parut nullement désespérer de ce salut, quoiqu'on ne pût remettre entre les mains de l'officier *étranger*, qu'une armée affoiblie considérablement, et totalement découragée par les défaites humiliantes qu'elle avoit éprouvées sous les commandemens de généraux de la caste aristocratique, (*comme est chez nous celle des Ducs, des Marquis, des Comtes, des Barons, etc.*) La victoire d'Adis, la destruction complette de l'armée romaine, qui menaçoit d'asservir Carthage, la prise du général de cette armée, le salut de la patrie, en un mot, furent les fruits heureux de l'attention accordée aux promesses de Xantippe, de la sollicitude du sénat de Carthage, des assemblées, des CLUBS, et peut-être, même de quelque corps analogues à un comité des recherches(1),

---

fut peut-être aussi, un de ces comités qui appuya fortement auprès du sénat les recommandations des clubs, et de tous les bons citoyens, et en développa promptement l'importance.

(1) Nous n'entendons parler que d'un comité des recherches, qui, dédaignant de remuer la fange, pour rechercher des crimes, ne s'occupoit que de la recherche des bonnes actions, pour les mettre en évidence, afin d'inviter à l'imitation, par la promulgation; et aussi, sans doute, afin d'attirer sur leurs auteurs les récompenses les plus éclatantes. Le co-

et plus encore, de l'importance que mirent les peuples aux soins d'appuyer et de faire valoir les consolantes promesses de celui qui eut l honneur de contribuer à sauver un état des plus grands dangers.

Ces inappréciables avantages, ceux d'une liberté reconquise et assurée, ne tardèrent pas à justifier la confiance qu'on sut placer en lui. Si le sénat n'eût pas eu de tems à lui accorder, si on eût renvoyé les rapports à faire, à des tems plus opportuns, si les clubs n'eussent point dénoncé les promesses de cet officier, si les peuples n'eussent point appuyé ces dénonciations, la patrie étoit perdue : elle fut sauvée. parce que chacun fit son devoir, parce que le sénat montra tout l'empressement que sa sollicitude devoit lui inspirer.

J'abondonne, Citoyens, ces faits à vos réflexions, après vous avoir fait encore une observation.

[Si l'on découvroit un complot contre la patrie dans lequel il y eût cent coupables, mille même.

mité recherchoit, comme le fait présumer, l'attention donnée aux promesses de Xantippe, et la confiance accordée à cet officier, les hommes, *qui sur-tout dans les tems de crise*, pouvoient grandement et utilement servir l'état. Les membres de ce comité se conduisoient, à ce qu'il paroît, de manière à mériter l'estime et la reconnoissance de leurs concitoyens.

Il est un fait certain, c'est qu'on trouveroit le tems d'ordonner l'arrestation de ces coupables, de choisir des juges pour leur faire leur procès, pour recueillir les preuves, pour entendre des légions de témoins ; on trouveroit le tems d'indiquer les prisons ; d'en établir même de nouvelles, s'il en étoit besoin , pour renfermer les coupables , on trouveroit le tems d'assigner les fonds pour les frais énormes des procédures et des exécutions ; on trouveroit enfin des bourreaux pour ces exécu- tions : car on trouve toujours les moyens de faire le mal, ou d'exercer les vengeances ; mais presque jamais celui de faire le bien ou d'acquitter ce qu'on doit à la reconnoissance.

Qu'il se présente quelques citoyens, ou même un seul qui assure avoir des moyens certains de con- tribuer à sauver l'état ou à le conserver dans sa splendeur, on ne trouve ni tems pour l'écouter, ni argent pour faire usage de ses découvertes, ni moyens de récompenser l'inventeur, lors même qu'il peut servir le plus grandement la patrie ! Et cela se voit dans le même temps, souvent où l'on paye magnifiquement jusqu'au vil délateur, qui, loin de venir manifester un coupable , vient peut - être accuser et dénoncer un innocent ! O honte de l'espèce humaine ! il est donc des siècles où les hommes trouvent plus d'attraits à dénoncer le mal ou à punir, qu'à récompen- ser ; où il leur semble plus doux d'avoir à faire infliger des supplices, que d'avoir à décréter des couronnes, des récompenses méritées ou des triomphes. Eloignons-nous de semblables époques ; citoyens, éloignons-nous-en tant qu'il nous sera possible, si nous voulons être heureux et bien servis, si nous voulons jouir de toute la considération due à un peuple libre.

LA TROISIÈME
AUX FRANÇOIS.

CITOYENS,

JE vous aurois déjà communiqué depuis long-
temps les séries de découvertes et d'observations
que vous venez de lire. Mais auparavant de le
faire , et pour le faire d'une manière plus complette , je desirois être à portée de faire usage,des
renseignemens que j'avois consignés dans plusieurs
mémoires remis à M. de Mirabeau , soit à Berlin ,
soit en France , et j'espérois pouvoir les retirer (*ces
mémoires*) des mains de ses héritiers ou légataires.

Peu de jours après la mort de ce député admi-
nistrateur , qui avoit approuvé , même avec trans-
port , plusieurs de mes découvertes, j'avois adressé
aux auteurs de la Chronique de Paris , une lettre ,
dans laquelle je réclamois mes mémoires , par-tout
où ils pourroient se trouver. Ma lettre , malgré son
importance , autant par la chose publique que
pour moi , malgré mes instances réitérées , de
vive voix et par écrit , n'a pas été imprimée et
ne m'a pas même été rendue , quoique je l'aie
redemandée ; tant il est difficile de trouver des
citoyens qui veulent véritablement concourir au
bien , d'une manière noble , vraiment désinté-

ressée , exempte de partis , de vues particulières
et de préventions.

Ce qui m'affecte plus, c'est que les manuscrits
qui pouvoient servir à constater mon invention,
et m'éviter d'assez grands travaux, (*nécessaires pour
mettre mes découvertes en état de servir en peu de
tems*) ne m'ont pas été rendus.

Il me reste cependant beaucoup de moyens de
prouver ma priorité d'invention, non-seulement
sur ceux des possesseurs de mes mémoires, qui
voudroient se présenter comme inventeurs ; mais
même sur les Anglois et Hollandois, qui n'ont
imaginés les caronades (*fort inférieures de toutes
manières aux bouches à feu de mon invention*) qu'après
que j'ai eu publié quelque chose de relatif aux
procédés, par lesquels je puis perfectionner les
différentes bouches à feu, ainsi que les mobiles
qu'elles servent à projeter.

Plusieurs fois, et de différentes manières, en
France comme en Allemagne, on a essayé de
me dérober le secret de mes procédés : j'ai été
plusieurs fois en bute à des vols et à des infidé-
lités ; mais il étoit décidé, par la providence qui
veille au salut de cet empire, que ces inventions
seroient mises en réserve, pour servir aux françois,
à défendre, avec succès, la constitution, ainsi
que les asiles de la liberté.

Cependant, citoyens, l'exemple de tous les
tems m'avoit appris que j'éprouverois bien plus
de difficultés en France, à faire adopter mes procédés, que par-tout ailleurs : mais, j'aimais ma

patrie, et malgré ses fréquentes injustices envers
les vivans, j'ai toujours espéré qu'on sentiroit
enfin, l'inconséquence de vexer les hommes utiles
(*lors qu'il importeroit le plus de les encourager, et
de chercher les moyens d'applanir les aspérités des
routes qu'ils parcourent*); j'ai toujours espéré qu'on
concevroit le ridicule et même l'atrocité, de la
cruelle habitude où l'on est de les faire languir,
de les tourmenter, par la nécessité qu'on semble
prendre à tâche de leur imposer, de se soumettre
à mille démarches, d'autant plus fatigantes qu'elles
sont souvent infructueuses, et de remettre, long-
tems après leur mort, à leur rendre justice, ou à
les combler d'honneurs dont ils n'ont pas la
consolation de jouir.

Les sociétés patriotiques, en vous éclairant,
citoyens, sur vos véritables intérêts, doivent faire
naître un nouvel ordre de choses ; si vous les
secondez vivement, vous en recueillerez les plus
grands avantages.

Ne perdez pas de vue, citoyens, que l'adoption de mes découvertes, peut être l'objet d'un
grand commerce intérieur, ainsi que d'un grand
commerce extérieur avec nos alliés, quand ils seront
en état de guerre. Ces découvertes peuvent être
l'objet d'un commerce intérieur et extérieur, dans
tous les tems, sous une modification, qui, malgré son peu d'apparence, ne laisse pas que d'être
importante. En comparant cette invention avec
celle du plomb-patente des Anglois, on se con-
vaincra que nous aurons un très-grand avantage,

relativement à cet objet, sur cette nation, notre rivale éclairée.

Un particulier vient d'annoncer dans les papiers publics, qu'il voudroit traiter avec quelques capitalistes du secret *dérobé* de la fabrication de ce plomb - patente ; secret qui n'en est plus un, puisqu'ayant été vendu en Angleterre, il est connu des inventeurs et des acquéreurs.

Par mon procédé, infiniment supérieur au plomb-patente, nous n'aurons point de concurrens; et puis, ne doit il pas être pénible pour des françois dignes de ce titre, de dérober une propriété étrangère ? La nation qui vient de conquérir sa liberté, doit assez chérir les mœurs et la probité, pour répugner à s'enrichir de nouvelles découvertes, par des larcins, ou par d'ignominieuses contrefactions. De plus, il y a trop de françois instruits et cultivant les arts avec succès, pour que cette grandeur d'ame, qui réellement n'est qu'une justice, puisse rien coûter à la nation ; sur-tout si les directoires de département sont accessibles ; s'ils savent encourager les inventeurs ; si leurs membres remplissent leurs devoirs, comme doivent le faire de bons citoyens.

LA QUATRIÈME

AUX

FRANÇOIS,

A L'ÉPOQUE DU 29 JUIN.

CET ouvrage étoit imprimé, quand a paru la lettre du parjure et traître Bouillé.

Cette inconcevable missive, chers concitoyens, vous a dû faire connoître plus d'une vérité, dont il vous importe de graver profondement le souvenir dans vos cœurs. Ces vérités viennent à l'appui de tout ce que vous venez de lire.

Il vous apprend, ce traître, quand il est persuadé que vous n'avez plus le tems de remédier à rien, que VOS MOYENS DE DÉFENSES SONT NULS. C'est vous dire la vérité, c'est parler plus franchement, que ne le font les *endormeurs*, qui sans cesse vous berçant des plus consolantes espérances, vous répètent : tranquillisez-vous, tout va bien ; vous n'avez rien à craindre...., ect. Citoyens, croyez l'ennemi qui ose se montrer, plus que celui qui se cache : croyez que j'étois bien fondé à vous dire, (*page 12 de cet imprimé*,) que

nos frontières sont dégarnies et désarmées, par
les perfides manœuvres de nos ennemis intérieurs (1), déjoués souvent, très-heureusement,
par l'héroïsme de nos braves soldats : héroïsme
qu'on ne sauroit trop célébrer.

JE CONNOIS LES CHEMINS, vous dit encor le ci-
devant marquis ; je guiderai jusques dans les murs
de la capitale, les armées des puissances liguées
contre la constitution.

Il y a donc une ligue de formée ? Et vos *endormeurs* s'obstinoient à traiter cette ligue de chimère !
Il y a donc un projet de livrer Paris aux horreurs
du pillage et de la dévastation, afin d'enrichir les
brigands, digues satellites des despotes ?

Dès-lors, citoyens, considérez combien est
pressante et indispensable la nécessité de mettre
Paris en état de se défendre, de protéger même
les contrées voisines : cette ville peut terrasser les
despotes de l'univers, quand ils viendroient ensemble ; mais il faut qu'elle soit armée comme il
convient.

---

(1) Bouillé, l'exécrable Bouillé, n'avoit pas
laissé 500 hommes à Thionville. Il a fallu que les
braves soldats des garnisons de Givet et de Charle-
mont, avançassent sur leurs masses et leur prêt
l'argent nécessaire pour travailler à réparer les for-
tifications de ces places !

Nous avons le tems de créer tous les moyens qui nous manquent, si nous ne perdons pas des instans précieux en vaines discussions.

Nos mesures prises. il se trouvera, gardons-nous d'en douter, des citoyens . *qui ne furent jamais souillés de ces titres de marquis , de comtes . ect.* (*qui malheureusement vous en imposent encore .*) capables de fermer , contre vos ennemis , ces chemins que l'insolent Bouillé croit pouvoir parcourir si facilement, parce qu'il a eu la déloyauté d'en ouvrir les barrières , qu'il étoit de son devoir de te-nir exactement fermées.

Assurons-nous des moyens de vaincre , et d'intimider les despotes. Alors, pour unique réponse à la lettre de cet impudent marquis, faites-vous le rendre, mort ou vif, afin de lui faire infliger un supplice infame qu'il mérite. (1).

---

(1) A moins que son cher parent le général marquis, idole perpétuel de la partie douteuse de l'armée parisienne , ne vous endorme encore , et et ne vous fascine assez les yeux pour vous entraîner, à lui aller rendre vos hommages. Cette farce indécente ne surprendroit pas trop ; car enfin cette lettre de Bouillé ne le rend guères plus coupable, que n'a dû le rendre l'affreux massacre de Nanci, pour lequel vous lui avez tant prodigué de témoignages d'estime , sur la garantie du cher cousin.

D

En tems et lieu, je vous indiquerai les moyens de faire exécuter votre volonté. Cette volonté doit être par-tout, comme chez vous, la loi suprême, sans laquelle doivent fléchir les tyrans, auprès desquels ce misérable transfuge pourroit chercher un asyle.

Oui, citoyens, prenez la résolution inébranlable de vous faire rendre l'infame Bouillé, et tous ceux qui pourront se rendre aussi criminels que ce traître l'est envers vous. Ne communiquez point avec les ministres des puissances qui oseroient, malgré vous, le recéler. Montrez-vous plus que des Romains : sachez que vous pouvez braver les fureurs de tous les tyrans de l'univers, si vous voulez vous mettre en état de faire respecter vos volontés.

Mais encore une fois, ne perdez pas de tems.

A l'occasion de la prétendue incursion des Espagnols, sont arrivées des demandes d'armes, et de munitions de la part des départemens voisins de Pyrenées. Voyez donc, citoyens, combien l'on vous trompe, lorsqu'on vous dit que nous sommes suffisamment armés.

De l'imprimerie du Cercle Social, rue du théâtre François, N°. 4.

AVERTISSEMENT.

Ne considérant nos découvertes que sous un seul des points de vue qu'elles présentent, on doit concevoir qu'elles peuvent faire l'objet d'une association, ou d'une souscription patriotique très-avantageuse aux souscripteurs. Quels avantages plus précieux ne peuvent-elles pas faire naître, si l'on considère leurs différentes utilités militaires ?

Très-incessamment nous proposerons à tous les bons françois, le mode qui nous a paru le plus avantageux pour une souscription de cette espèce, afin de la rendre également utile à l'état et aux souscripteurs.

Ceux qui auront des observations à nous faire passer, voudront bien nous les adresser, franc de port, à l'imprimerie du **Cercle Social**, rue du Théâtre François, N°. 4.